幼児教育
サポート
BOOKS

登園から降園までを
フルサポート！

3・4・5歳児の心に響く魔法の言葉かけ

山本　直美　著

お迎えを待っている
子どもに…

OK
お迎え来るまで
何して過ごそうか

NO
ママ遅いね
まだ来ないのかな

場面別で
分かりやすい！

明治図書

はじめに

　子どもたちと向き合う時間と同じくらい，保育士の先生方と出会う機会が大好きです。「保育」というテーマを通して，楽しいこと，嬉しいことを皆さんと共感し合えるのは，本当に幸せな時間だといつも感じています。
　新しく出会う先生方のなかには，私がまるで最初から「完璧な先生」だったかのように映ってしまうことがあるようです。自分の若手時代を思い出してみると，当たり前ですが，私にも失敗だらけで諸先輩に助けられ，励まされていた毎日がありました。子どもの想いを汲みとれないことで現場をうまく動かせない現実に直面し，子どもに注意をしながら自分が泣いてしまったことさえあります。どんなときでも，たくさんの人に支えられて今があります。
　子どもたちに対して"ちゃんとできているのだろうか？""どうしてうまくいかないのだろうか？"と，不安や苦悩を浮かべながらも頑張っている皆さんの姿は，昔の私の姿でもあるのです。
　人を育てるのですから，簡単にはいかないときもあるでしょう。くじけそうになるときもあると思います。それでも子どもたちを想い，精一杯の愛情を持っていれば，子どもたちには必ず伝わります。皆さんの想いが本物なら，うまくいかないときがあっても，子どもたちはすべてを受け入れてくれます。彼らはとても優しい人たちですから。焦らずに一歩一歩，毎日の「言葉」を大切に扱ってみてください。皆さんの「言葉」が，子どもたちとの関係性に変化を生み出し，自分の変化にも気づくはずです。
　私が常に念頭に置くのは，すべては「子どもたちのために」ということ。皆さんの想いをここに置いて頑張っていれば，子どもたちは「成長」という素敵な姿を見せてくれます。そのご褒美は，保育を続けた人たちだけが見ることのできる尊い景色です。どうかお互いの成長を通して，その景色を楽しみにしてください。この本が，皆さんを待っている子どもたちのために，そして，皆さんの成長の一助になれたら，こんな嬉しいことはありません。

　2019年3月　　　　　　　　　　　　　　　　　　　　山本　直美

もくじ

はじめに　2

Part1
子どもの心に響く魔法の言葉かけのために

- 「言葉かけ」を大切にするようになったきっかけと
  「意識づけ」の言葉かけ　8

- 「保育士スイッチ」で"子どもたちに向かっていく自分"へ　12

- 「やってみたい！」と意欲を生み出す
  「動機づけ」の言葉かけと「ユーモアアプローチ」　15

- 「育ち合い」を楽しむ保育士を目指して　21

Part2
場面別　魔法の言葉かけ　3・4歳児編

朝の受け入れ時
- おうちの人と離れたくないと泣いている子ども　26
- 登園してすぐに走り回っている子ども　28
- 体調が優れない，元気がない子ども　30

自由遊び，保育全般，片付け

- ・おもちゃの取り合いで喧嘩をしている子ども　32
- ・お友達の輪にうまく入れない子ども　34
- ・使ったものを片付けない子ども　36
- ・お話や絵本を落ち着いて聞けない子ども　38
- ・お友達にすぐ乱暴してしまう子ども　40
- ・汚い言葉を使う子ども　42

園外活動

- ・準備が遅い子ども　44
- ・お散歩に行きたがらない子ども　46
- ・道中にふざける子ども　48
- ・一人でじっとして動かない子ども　50
- ・保育園に戻りたがらない子ども　52
- ・園に到着後，玄関でのんびりしている子ども　54

給食，午睡

- ・食事中泣いたり立ち歩いてしまう子ども　56
- ・好き嫌いが多い子ども　58
- ・「食べさせてー」と自分でなかなか食べようとしない子ども　60
- ・おしゃべりが多くなかなか食べ終わらない子ども　62
- ・給食をあまり食べなかった子ども　64
- ・なかなか眠れない，おしゃべりなどで寝たくない子ども　66

着替え，排泄介助

- ・衣服の着脱がうまくできず泣いている子ども　68
- ・着替えを自分でしようとしない子ども　70
- ・トイレに行きたがらない子ども　72

もくじ

- ・おもらし・おねしょをしてしまった子ども　74

降園時
- ・降園時にお友達とふざけてなかなか帰らない子ども　76
- ・延長保育でお迎えが遅れている子ども　78
- ・忘れ物を取りに戻ってきた子ども　80

Part3
場面別　魔法の言葉かけ　4・5歳児編

朝の受け入れ時
- ・朝のごあいさつができない子ども　84
- ・登園してすぐに走り回っている子ども　86
- ・体調が優れない，元気がない子ども　88

自由遊び，保育全般，片付け
- ・特定の子を仲間外れにしている子ども　90
- ・使ったものを片付けない子ども　92
- ・お友達にすぐ乱暴してしまう子ども　94
- ・汚い言葉を使う子ども　96

園外活動
- ・準備が遅い子ども　98
- ・お散歩に行きたがらない子ども　100
- ・道中にふざける子ども　102
- ・保育園に戻りたがらない子ども　104

給食
- 食事中泣いたり立ち歩いてしまう子ども　106
- 好き嫌いが多い子ども　108
- おしゃべりが多くなかなか食べ終わらない子ども　110
- 給食をあまり食べなかった子ども　112

着替え，排泄介助
- ボタン・ファスナーがうまくできずかんしゃくを起こしている子ども　114
- 着替えを自分でしようとしない子ども　116
- トイレに行きたがらない子ども　118
- おもらし・おねしょをしてしまった子ども　120

降園時
- 降園時にお友達とふざけてなかなか帰らない子ども　122
- 延長保育でお迎えが遅れている子ども　124
- 忘れ物を取りに戻ってきた子ども　126

Part1

子どもの心に響く
魔法の言葉かけのために

「言葉かけ」を大切にするようになったきっかけと「意識づけ」の言葉かけ

● "きょとん"として「なんでいけないの？」

　保育に関わってきたこの約30年間，「一番大切にしてきたものは何ですか」と聞かれたら，私は迷わず「言葉かけです」と答えます。子どもにどんな言葉をかけるかは，子どもの人格形成に大きく影響します。

　では，私がなぜ子どもへの「言葉かけ」を大切にしてきたのか，その理由を紐解くためにも，私自身が幼稚園教諭として保育をスタートした頃の経験を振り返りながら，お伝えしたいと思います。

　幼稚園教諭になって3年目くらいのことです。ある日，子どもたちが園長先生とたわいもない話をしながら盛り上がり，「イエーイ！」と親指を立てている姿が見えました。遠くからでしたが，よく見ると私が途中から担任を受け持ったクラスの子たちでした。それに気づき，とっさに，「あの子たち，何してるの？！」「興奮してイエーイ！　って，あの仕草は何……？」と目が点になってしまったのです。

　しかしその後，はっとしました。実は私自身が日頃，そうやって親指を立ててウインクをしながら，「グッド！」と言わんばかりに子どもたちを承認していたことに気づいたのです。もちろん無意識でやっていたことです。先生の仕草や立ち居振る舞いは，子どもたちに大きく影響するのだということを自覚した瞬間でした。仕草だけでなく，子どもたちの嗜好も先生に似ることが多いですね。私はパステルカラーが好きなのですが，あるとき私のクラスの子どもたちだけ皆，折り紙でパステルカラーを選んだなんてこともありました。

　きっと子どもたちは，何か嬉しいことがあって，それを園長先生に伝えたくて，「イエーイ！」と報告しただけだったのだと思います。しかしその姿を見た私は，園長先生にものすごく申し訳ない気持ちになったことを覚えて

います。子どもたちの"言葉が出ていないさま"を見て,「こんな風に私が育ててしまっている！ いけない！」と思いました。まだ年少さんだったので「かわいいね」で済むかもしれませんが,このまま表情とポーズだけで何かを伝える子にしてはいけない,と。

その後,「園長先生にああいう風にはやらないよ」と伝えたら,子どもたちは"きょとん"として「なんでいけないの？」という表情でした。当たり前ですよね。先生がいつもやっていることなので,何がいけないのかが分からない。

言葉というものをちゃんと取り扱えるように意識してあげないと,自分の使う言葉や態度が子どもたちにうつってしまう,ということを身に染みて感じました。私が言葉かけを大事にするようになったきっかけです。

● 細かく具体的に伝える「意識づけ」の言葉かけ

そんな私の失敗経験から,子どもたちには言葉で丁寧に伝えてあげないと,次への再現性がないということに気が付きました。何が嬉しいのか,何がよかったのか,「イエーイ！」ではなく,ちゃんと言葉にして伝えることが大事なのです。これを私は「意識づけ」と呼んでいます。

子どもたちは大人の想像以上に"非言語"の世界で生きています。取り扱える言葉のバリエーションが少なく,「イヤ」としか言えなかったり,「キライ」という言葉しか知らなかったりするものです。そんな中,少しずつ言葉を獲得して,コミュニケーションの手段として自分のものにしていきます。

言葉を取り扱える子は,人とのコミュニケーションがスムーズになります。ちゃんと伝えられるので,必要以上に「伝わらない,分かってくれない」とイライラすることもなくなっていきます。成長にものすごく影響するのですね。

そんな気づきから,子どもたちに対して「言葉でちゃんと伝える」ということを,日々の保育の中で見直すようにしました。

例えば,子どもがレインコートを自分で着られたときは,「ちゃんと自分で着られたね」と承認してあげると,次のときも「先生,着れたよ！ 自分

で着れたよ！」と嬉しそうに言ってきます。そこでその言葉を言ってあげないと，二度，三度と成功する再現性が低くなるのですね。自分で着られたことがすごいことだ，素晴らしいことだ，という概念が子どもたちにはないからです。「意識づけ」の言葉をかけられた子は，次からも失敗しなくなっていきます。

　大人はどうしても，うまくできなかったときにだけ「ボタンずれてるよ」などと伝えがちです。けれども，できたときにすかさず「ボタンをちゃんとずれずに留められたね」と細かく承認してあげると，その子は次にボタンを留めるときも1個1個注意して見て，またできるようになるものです。漠然と「ちゃんと着られたね〜」だけでなく，細かく言ってあげることがコツです。

　他にも例えば，給食時。「きれいに食べたね」だけだと，イマイチ何がきれいなのかが伝わりません。「ぜーんぶかき集めて一粒もご飯残ってないね！　●●ちゃんはこんなにきれいに食べました！」と伝えてあげると，周りの子どもたちもみんな慌ててごはん粒をかき集め始めます（笑）。

　子どもたちには，どういう状態を「きれいに食べた」と言うのか，「きれい」の基準がありません。その子によって「きれい」と思う基準も違います。だからこそ，細かく具体的に伝えることが大事です。「●●ちゃん，きれいに食べました〜」などと漠然と伝えると，次回何を再現したらいいのかが分からないのです。細かく具体的に伝える「意識づけ」，これは，次回もその姿を再現してほしいときの言葉かけです。

　余談ですが，大人を褒めるときも一緒です。例えばお料理を褒めるとき。「このハンバーグ美味しいね〜」だけでなく，ソースが美味しかったのか，肉汁があふれ出てくるのが美味しかったのか，など，具体的に伝えてあげましょう。どこに注意して再現性を持ったらよいのかが分かると，次回もまた美味しく作れますよね。

● 「意識づけ」で承認することで子どもは変わる

　言葉かけにもいろいろな種類があるのですが，最初に大事だと気づいたの

がこの「意識づけ」でした。丁寧に認めてあげること，心理学的に言うと「承認」してあげることは，子どもたちにとってはやはり嬉しいことです。大人に置き換えてみても，自分を認めてくれる人のことは信頼できるようになり，その人の意見なら素直に聞こうかなと思うものですよね。子どもも同じかなと思います。

　長い保育経験の中でひとつ私が分かったことは，「10回その子のことを承認して，やっと1回言うことを聞いてくれる」くらいの気持ちでいること，です。そのくらい「承認」して，"あなたの存在が嬉しい"とその子に伝えることで，信頼関係ができ相思相愛になっていきます。子どもも，自分をかわいがってくれる人に「こういうことはしないでね」と言われたら，素直に聞けるようになるものです。

　逆によくないことを注意ばかりされていると，子どもたちなりにも「この人は分かってくれない」とストレスがたまり，その人の言うことを聞けなくなっていきます。そして「あなたはまた言うことを聞かない」と言って叱られる，というよくない状況になりがちです。

　そこに気づいてから，意識をつけてあげる時間，承認する時間を，一日の中でいかに増やすかばかりを考えるようになりました。その子がいいことをしているときや，子どもたちなりに無意識に一生懸命やっている姿を目にしたら，必ず言葉で伝えるということをやり始めたのです。

　使ったものを当たり前に片付けているだけでも，「片付けてくれてありがとう」「きれいにしまってくれたから次に使うときに気持ちがいいね」と伝えます。また，「ほら見て！　●●ちゃん，足をちゃんと揃えて座れてるね。きれいだね！」と言うと，周りのみんなも真似をしてくれます。

　子どもたちの日々の成長は，彼らにとっては何ひとつ当たり前なことはないのです。それをひとつひとつ丁寧に伝えていくと，子どもたちは本当に嬉しそうな誇らしげな顔になります。そしてそれが彼らの「自信」になり，いわゆる「自己肯定感」につながっていくのです。「意識づけ」は，常にいろいろなシーンで使える，まさに魔法の言葉かけです。

「保育士スイッチ」で"子どもたちに向かっていく自分"へ

● 先生たちの言葉が園の文化を作る

　では，一日の保育の中でさまざまなシーンを振り返ったとき，ご自身の言葉かけはどうでしょうか？

　私自身，つい「これ，かわいくなーい？」と言ってしまい，ある子に「かわいいの？　かわいくないの？　どっちなの？」と言われたことがありました。大人がいかに曖昧な表現で伝えているか，とても言葉が乱れていることに気づかされますね。

　普段から丁寧な言葉を使えているかどうかはとても大事です。「〇〇しちゃいけないでしょ」と言われたときに「はい」と言うか「うん」と言うかで，全くその子の印象値は違います。そう考えると，大人も「誰にもらったの？」ではなく「誰にいただいたの？」が丁寧ですし，「今の誰？」ではなく「今のはどなた？」と言えるようにしたいですね。大人の言葉が乱れているのに，子どもに「ちゃんとお返事しなさい」とか「そんな言葉は使わないよ」などと言う資格はないですよね。先生たちの言葉がその園の文化を作ります。日頃の言葉づかいを丁寧にすることには，何の損もないかなと思います。

　「かーしーて」「だーめーよ」などの反射的な言葉も，園の子どもたちの間でよく耳にしますが，気をつけたい言葉のやり取りだなと感じます。先生がそれを許してしまうと，定着していってしまうものです。「もう少し丁寧に言えるかな？」「そういうときはもうちょっと待ってね，って言ってあげようね」などと伝えていくことが大切です。生活の中でのさまざまなシチュエーションで，何気なく使っている言葉を注意して見ていき，丁寧な言葉に正していけるといいですね。

「言葉が整うと心が整う」いやな言葉を使っていると，相手からもいやなところを引き出してしまいがちです。大人同士も，言葉を整えていきたいものです。

子どもは先生同士のコミュニケーションをよく聞いています。あるとき，早番で帰る先生にいつも「お疲れ〜」と声をかけていたら，その先生にある子が「さようなら」ではなく「おちゅかれー！」と言ってしまったことがありました（笑）。私たちもびっくりしてしまい，慌ててその日から「お疲れ様でした」と言い合うことにした，という思い出があります。

子どもたちに恥ずかしくないよう，先生同士の言葉づかいにも気をつけられるといいですね。緊張感のある職場環境にすることで，気のゆるみからの事故なども少なくなります。

● 言葉かけの際に保育士が気をつけなければいけないこと

子どもたちに言葉をかけるときの保育士のスタンスも大切です。言葉はかけていても，何かをしながらだったり，子どもと視線を合わせていなければあまり意味がありません。視線を合わせ，ゆっくり話すこと。届いていない言葉で日頃注意されていくと，子どもたちも少しずつ麻痺していきます。

言葉かけのポイントは，「答えを言わない」ことです。「〇〇しちゃダメ！」「〇〇しなさい」などと指示ばかりされていると，子どもたちは自分で考えなくなります。「どうしたらいいと思う？」「こういうときはどうするんだっけ？」と，自分で考えて気づかせるような言葉かけを意識しましょう。

また，伝えたいことは「できるだけ短く言う」こと。長々と話すと，子どもたちは途中から聞いていません（笑）。

そして，注意したり叱ったりした際は，最後に「きっとできると思うよ」と必ず「希望の言葉で終わらせる」ことです。

声は落ち着いたトーンで言いましょう。あまり高い声で騒がしく感情的に言わない方がよいです。声の高さは個人差があるとしても，自分の落ち着いた声はどういう声かを認識して，意識的に使えるといいですね。

ついつい感情が出てしまうときは，自分が"保育をしている者"であることを忘れがちなときです。イライラしたり怒ったりと，"素の自分"になっていることに気づけると，自然と落ち着いたトーンに戻すことができます。
　大事なのは「保育士スイッチ」を入れること。朝電車の中で入れてくる，ロッカーで着替えたときに切り替える，など，人によっていろいろな方法で「保育士スイッチ」を入れているようです。私自身も毎朝，園の最寄り駅に着いたときにスイッチを入れていました。たとえいやなことがあったとしても暗い顔をして子どもたちにあいさつをしてはいけない，"子どもたちに向かっていく自分"として気持ちを整えていました。
　保育の仕事は，ともすると「生活の場」から「生活の場」に入る特殊なお仕事かもしれません。でも，子どもたちにとっては先生です。プロとして"子どもたちと接する自分"を整える時間を，ぜひルーティンで持ちましょう。この緊張感を意識するだけで，言葉かけの質が変わります。

「やってみたい！」と意欲を生み出す「動機づけ」の言葉かけと「ユーモアアプローチ」

●「やってみたい！」という気持ちにさせる「動機づけ」の言葉かけ

　年長さんを担当したときのことです。日頃から「意識づけ」の言葉かけを心がけていたので，子どもたちはそれぞれ自信は持っていたのですが，何かみんなで作ろうか！　というときに，あまり考えもせず「えー分かんない，どうやるの？　先生作って！」とすぐに言う子たちが増えてきたことに気づきました。本人たちに自信がないわけではないのに，どうも考えることが面倒で，自分のやりたいことだけをやりたい，という様子が見られたのです。

　そんな中，卒園に向けたある日，それぞれの子どもが描いた絵を表紙にしたアルバムを作ることになりました。しかし，頑なに絵を描かない子，Ａくんがいました。当時担任だった私は，締切までにどうにかＡくんに絵を描かせなくてはいけない状況でした。締切が迫り焦って先輩に相談すると，「簡単なことよ。描きたい気持ちにさせること！」と言われたのです。

　私は子どもの絵画の本を読み漁りました。その中で気づいたのは，「描かせること」ではなく，いかに「子どもが描きたい気持ちになること」が大事かということでした。

　子どもたちにあわせて，経験であったり五感を使ったりしてイメージを膨らませ，"描きたくなる気持ち"に持っていってあげること，それを丁寧に伝えないといけないことに気づきました。よく考えると，そもそも「アルバム」とは何なのか，どういう意味があるのか，「思い出」とはどういうことなのか，など，大人から見たら当たり前のことでも，Ａくんにとっては何も"動機"がついていないことに気づけたのです。

　私が相談した先輩は，「他の子どもたちは私が見ててあげるから，Ａくん

とちゃんと向き合ってあげたらどう？ 彼が普段何に興味を持っていて，いつも何をして遊んでいたか，思い出してごらん」と言ってくれました。本当に素晴らしい先輩だったなと感謝しています。

思い起こしてみると，Ａくんはいつもアスレチックで遊んでいました。そこで，画版を持って「二人で一緒にアスレチックの上に行こうよ！」と誘いました。二人でてっぺんまで登り，「Ａくんてさ，アスレチックが大好きだったよね。先生いつも見てたんだ。こんな高いところ，怖くなかったの？」などと会話をしながら，「先生，Ａくんが一番たくさん遊んだ園庭の遊具はアスレチックだと思うんだけど，Ａくんはどう思う？」と聞いてみました。すると，３月生まれで発語も遅くあまりしゃべらない彼は，一生懸命「うん，アスレチック」などと話し出してくれました。

そして，「でも小学校へ行ったらこれに毎日登れなくなっちゃうね。だから，園の中で忘れたくないなって思うこととか，これは覚えていたいなっていうもの，何でもいいからこの紙に描いて，アルバムに残しておこうよ。そうしたら小学校に行っても忘れないでいられるよね！」と伝えました。すると，何を言っても絵を描かなかったＡくんが，本当に紙いっぱいに，アスレチックを描いたのです。

そのときに，「あぁ私はこんなにも，子どもたちに動機をつけてあげられていないのに，描かせよう作らせようやらせよう，としていたんだ」と気づきました。「動機をつけてあげたらこんなにも心を込めて描いたりするんだ」「私は最後の最後まで分かっていなかったな……」と心底反省しました。「描きたい，作りたい，やってみたい」という気持ちがこんなにも大事だったんだ，ということに気づかせてくれた経験です。

● 動機さえつけば，子どもは勝手にやり切ってくれる

まずは子どもたちが心から「やってみたい！」と思う気持ちになるよう，丁寧に寄り添ってあげること。彼らは成功体験が少ないがために，イメージが沸かず，「やってみたい」と思えないことが多いのです。でも，やってみ

てできたら嬉しいはずです。経験すること，やらせること自体が大事なのではなく，「やってみたい」と思うこと，そしてやってみて，最後までやり切った経験や達成感こそが大事なのだと分かりました。しかし，動機がないと，子どもはなかなかやりません。そこから「動機づけ」の言葉かけを大事にするようになりました。

　何事も，動機をつけてあげたら子どもは最後までやり切りたいものです。動機がついていないから，途中で飽きてしまったり，お友達にちょっかいを出したり，雑に終わらせて外に行きたがったりするのです。"やり切った達成感"は幼児期に積み重ねていかないと，「最後までやり切りましょう」と急に言われてもできないものです。

　何かを作るときだけでなく，毎日の生活の中のいろいろなシーンで，丁寧にお話をして動機をつけてあげると，子どもたちはちゃんと理解してくれます。動機さえついてしまえば，彼らは勝手にやり切ってくれるのです。そういう部分で対話をしていくことが子どもと一緒にいることの楽しみであり，それを積み重ねていくと，5～6歳になったときの関わりが本当に楽しくなってきます。

　残念ながら，子どもの気持ちが萎えるようなことを言ってしまったり，頑張れない気持ちにさせて，"できない自分，やり切れない自分"を意識化するような言葉かけをしてしまうケースが多々あります。

　やはり先生というのは，子どもにとっての最大の応援団であってほしいと思います。園生活で「楽しい」ことはいっぱいあるのだけれど，いてくれて「嬉しい」先生が一番いいなと。そのためにも，「動機づけ」の言葉かけはとても大事です。

● ここぞというときの「ユーモアアプローチ」

　ここまでお伝えすると，「ちゃんと言わなければ！　ちゃんと説明しなければ！」と思いがちかもしれませんが，最後はやはりユーモアです。子どもたちはやっぱり楽しいことが大好きです。大人も，楽しさがなく「やらなけ

れば」だけになるとつまらないですよね。
　ちゃんと「意識づけ」，ちゃんと「動機づけ」，それももちろん大事なのですが，本当にやってほしいことをうまくやってもらえなかったとき，ユーモアの力は絶大です。
　子どもたちと日々接していると，保護者もそうですが先生たちも「時間がなくて」とか「余裕がなくて」とつい言ってしまいがちです。しかし大前提として，「時間に余裕はない」「心にゆとりはない」もの。そのゆとりを生む方法が，ユーモアなのです。
　そのことに気づいたのも，私のある経験からです。私が勤めていた園ではにわとりを飼っていて，そのえさをみんなで作っていました。近所の八百屋さんからいただいたキャベツを，子どもたちと一緒にみんなで切るのです。その切ったキャベツを入れる「えさ箱」がありました。「切ったらこの箱に入れましょう」と言っても子どもたちはちゃんと入れてくれません。
　「土のついたキャベツは，にわとりさんたちもイヤじゃない？」と言っても，「ほらほら，はみ出してるからちゃんと入れてね！」と言っても，皆面倒くさがり入れてくれないのです。私もあの手この手で丁寧に説明し言い続けていたのですが，だんだんといやになってきていました。そして，誰かが放り投げたキャベツが勢いよく箱から飛び出しているのを見て，「今日のキャベツは元気だねー！」と言ってみました。そうしたら，子どもたちがどっと笑い，思いがけずウケたのです。
　そして，「今日のキャベツは元気だねー！」と言いながら，皆ちゃんと箱に入れてくれるようになったのです。その瞬間，「まともに長々と伝えても子どもたちには伝わらない……ユーモアの力ってすごい！」と感じさせられました。
　いろいろなシーンでいろいろなユーモアが出てくると，子どもの心がやわらかくなり，こちらにもゆとりができることに気がつきました。そして心がやわらかくなると，子どもたちは本当に素直に話を聞いてくれることも分かりました。「時間がない」「余裕がない」と言っていつもガミガミ言われると，

誰でもいやになってきますよね。つまり，"遊び"がないと窮屈になります。やはり彼らは笑っていたいし，何でも楽しみたい人たちです。そこをちょっと楽しくユーモアで伝えてあげると，アハハ！　と笑いながら素直に聞いてくれます。これを私は「ユーモアアプローチ」と呼んでいます。

　つい「こうでああだからこうでしょ」と，くどくどと大人の都合を説明したくなりますが，長くなればなるほど子どもは途中から聞いていないことが多いです。私自身，ユーモアのセンスは，子どもたちに引き出してもらったなと思います。自分も本当は笑っていたいですし，お互いいやな思いをせず笑いながらできたら一番いいですよね。

●「ユーモアアプローチ」の具体例

　子どもが泣いているときや，して欲しくないことをやっているときなどに，「ユーモアアプローチ」はオススメです。彼らは自分で気持ちを切り替えることがなかなかできないので，大人がユーモアで切り替えてあげることで，その状況を脱しやすくなります。

　しんどいときこそユーモア。「大変なときこそ笑いなさい」ともよく言いますね。このユーモアセンスを磨くことで，保育現場での指示や脅しの言葉かけは格段に減る気がしています。

　Part2以降でも出てきますが，いくつかここでも事例を挙げたいと思います。

●靴を反対に履いてしまったとき

　「惜しい！　もう1回！　それじゃバナナさんだね！」と言ってあげましょう。もう1回履き直すのを面倒くさがることが多いですが，ユーモアで伝えてあげると「バナナさん～?!」などと笑いながら履き直してくれます。

●何かいやなことがあり泣いてしまったとき

　「泣かないよ！」ではなく「今日はいっぱい涙が出てお水があふれましたね～！　プールができちゃうかもね！」などと言うと，心がふっとやわらかくなりゆるみます。気持ちが切り替わることで，泣き止むきっかけになるの

です。
●朝，ママと離れたくないと泣いているとき
　「今日は紫色の自転車で来たの？」と，ありえないであろうことを言ってみます。すると，子どもは泣きながらも「ちがう！」と否定します。子どもは，自分が知っていることを伝えたい，違っていたら正しいことを教えてあげたい，という気持ちが大きいものです。明らかに違うことを言ってみると，一生懸命に頭を使って答えてくれます。「じゃあ緑色？」「ちがう」「じゃあピンク？」「ちがう！　白！」などと会話をしているうちに，長泣きせずに切り替えられ，自然に先生と遊び始めたりしますよ。
●コップの水をこぼしてしまったとき
　「わぁ，アートだね！　素敵な絵が描けちゃったね！」と言ってあげると，子どもも追い詰められて泣くことなく，自分も気持ちにゆとりができますね。まさに相乗効果です。子どもも「いけないことをしてしまった」と分かっているものです。「怒られる！　どうしよう！」と思っていたのに想定外のことを言われると，あれ?!　と拍子抜けし，一緒に笑いながら素直にすぐ「ごめんなさい」と謝れるものです。
●いたずらや悪いことをしているとき
　「（窓の方に向かって大きめの声で）いませんよ。うちにはそんな子はいません，大丈夫です！」と言ってみます。ポイントは，鬼が来るとか，オバケが出る，などと言って脅さないこと。子どもたちは「何者かが悪いことをしていないか見ているらしい」ということを肌で感じ取っています。また，「サンタさんて，12月だけじゃなくていつも見てるらしいよ！」などと言ってみたりします。すると，慌ててちゃんとやるのですね。本人たちは悪いことだと分かってやっているので，くどくどと説明するより効果的です。
●口達者になり，反抗的な態度を取るとき
　正面から対峙しないのが手です。むきになって言い合ったりせず，「変顔」をしたり「ありゃー」と言って流すくらいのユーモアでいきましょう。いやな言葉や態度を引き出さずに，ときには「うまくかわす」ことも大切です。

Part1 子どもの心に響く魔法の言葉かけのために

「育ち合い」を楽しむ保育士を目指して

● 保育士も言葉かけを学ぶ『WithBookプログラム』

　私の保育現場での実体験から生まれた「動機づけ」「意識づけ」「ユーモアアプローチ」の3つの言葉かけについて説明してきました。
　この「動機づけ」「意識づけ」をひとつの"型"として，絵本を使ったオリジナル教材として開発したのが『WithBookプログラム』です。
　まさに「動機づけ」が大事だと気づいた年長さんのクラス担任をしていたときの経験から，子どもたちの成長の違いは何なのか，ずっと考えていました。「どうやるの？　教えて！」と受け身な子どもたちが出てくる一方で，「こんなの作れないかな？　先生あれとあれをちょうだい！」と自発的に行動したり，物事を深く考えることができる子どもたちがいる。この二極化が気になり，子どもたちをよく観察してみると，後者の子どもたちは絵本に触れている時間が他の子どもよりも長いことが分かりました。
　子どもたちはみんな大きな可能性を持っている。その可能性を広げるためにも絵本は本当によい，そう確信して，絵本を主軸とした教育をしていくことを決め，株式会社アイ・エス・シーを立ち上げました。幼稚園教諭を経た後，親と子のための教室『リトルパルズ』を立ち上げ，最初は手書きの絵本から始まりました。子どもの興味関心や，発達に合わせて作った初めてのオリジナル絵本『WithBookプログラム』は，子どもたちの口からよく発せられる言葉を拾い集めて作ったものです。画用紙に描いた，本当に手作りの，愛情がたっぷり詰まった絵本になりました。
　現在，アイ・エス・シーで運営している『ウィズブック保育園』では，朝の保育活動で毎日この『WithBookプログラム』の読み聞かせを行い，そこからさまざまな遊びへと想像してつなげています。たとえば，『ぐるぐる』

という絵本からペロペロキャンディを作ったり，ぐるぐるしたものを探しに行こう！　とお散歩に出かけたり，といった具合です。「ぐるぐるしたものって何があるかな？」「そうだね，絵本にペロペロキャンディが出てきたね。キャンディってどんな味？」といったように，現実にあるものを五感で感じ，子どもたちが「やってみたい！」と思えるような工夫，つまり必ず「動機づけ」をしてから遊びに入るのです。

　絵本から子どもたちの想像を膨らませ，興味を持ったこと，そしてやってみたことの楽しさを実感してもらうことで，「自ら伸びること」を育んでいます。そして，保育士の言葉かけによって「次はどんな遊びができるかな？」という探究心を育み，より一層子どもたちの「想像力」や「言語理解力」を高めます。その遊びのプロセスの中で，認めてあげたい子どもたちの様子や感じた成長を，言葉にして丁寧に子どもたちに伝えていくのです（＝「意識づけ」）。これを繰り返していくことで，少しずつ「その子らしさ」を育んでいくことにつながると考えています。

　私はこの『WithBook プログラム』の時間を，保育士も言葉かけを学ぶ場にしてほしいと思っています。「動機づけ」「意識づけ」により，子どもたちに丁寧に言葉かけをし，「向き合う」ということが大切ですね。子どもをしつけようとして指示の言葉かけをしたり，"できた，できない"の判断をするのではなく，「いつかできるようになる」ことを楽しみに待ち向き合っていくことが，私が大事にしているスタンスです。

　子どもの成長を考えることは，大人の成長の機会でもあります。大人の方が子どもから教わることもたくさんあります。彼らは「ごめんね」と言うと必ず「いいよ」と言ってくれる，本当にいい人たちです。子どもたちと向き合う日々の中で，「育ち合い」を楽しめるようになることを願っています。

● プロとして寄り添っていく存在に

　これまで，私の体験から学び，整理し，行きついた結論として，子どもたちと向き合うためには「言葉かけ」が大切であることをお伝えしてきました。

保育士である皆さんが子どもと向き合うとき，「動機づけ」と「意識づけ」の言葉を大切にすることで，よりよい関係性が生まれます。適切な「言葉かけ」は，子どもたちの意欲を引き出し，前向きにチャレンジする姿勢につながっています。きっと保育者のひとりとして，子どもたちにポジティブな変化が生まれる瞬間に日々立ち会うことで，自らの仕事により誇りを持てることと思います。

　一方で，私たちの「言葉かけ」が，簡単に子どもたちをミスリードしてしまう危険性についても述べました。自分の日常の「生活の場」がそのまま保育園での子どもたちの「生活の場」に出てしまいがちです。保育士も人間ですから，スイッチがうまく入らないときもあるでしょう。だからといって，思いやりに欠ける発言や，ネガティブな言葉を子どもに聞かせてしまっては，せっかく積み重ねて育んできた子どもたちの人格の根っこを，少し曲げてしまうかもしれないのです。

　子どもたちは，自分の気持ちをまだうまく表現できないまま入園してきます。そんな「心持ち」に気づく先生になってほしい。できないことではなく，できるようになりたい気持ちに寄り添う先生であってほしい。そのためには，自分自身をいつも整えておかなければなりません。日常生活における言葉づかいを見直し，自分が発する言葉が，いまの自分を作っていることを忘れないでください。

　嫌味を言えば，嫌味な自分になり，優しい言葉を使えば優しい自分になれるのです。

　子どもたちがこれから成長し，健やかな人生を送っていけるようになるために，私たちはプロとして寄り添っていく存在です。私たちも，適切な言葉を発することで，周囲と気持ちよい関係性を保てるようになっていきます。

　いつも感じていることですが，子どもは，私たち大人が成長するキッカケをくれ，周囲の大人を成長させるために生まれてくるのかもしれません。

　理想の親子を目指すのではなく，親と子が育ち合う関係であってほしいように，私たちも，"子どもと育ち合う関係"であると，まず自分に言い聞か

せてみてください。うまくいかないことに心を痛めることも多いかもしれませんが，きっとそばで先生のことを想ってくれている子どもたちがいるはずです。
　ここをスタートラインとして，さらに「言葉かけ」の魔法を学んでいただけたら幸いです。

Part2

場面別
魔法の言葉かけ　3・4歳児編

| | 3・4歳児 | 4・5歳児 |

朝の受け入れ時

おうちの人と離れたくないと泣いている子ども

子どもの行動

朝，いつもは元気に登園して来るのに，おうちの人と離れたくないといつになく泣いている子にはどんな言葉かけをしてあげたらよいでしょうか？

 注意！
✕ NGな言葉かけ

> お母さんと離れる時間でしょ？

> なんで泣いてるの？

> また泣いてるの？

子どもの気持ちを考えよう

　子どもは不安だから泣いていたり，大人の気を引きたくて泣いていることもあります。不安なときに気持ちを焦らせたり，泣いていることに執着したりせずに，「そんな日もあるよね」とゆったり構えてあげてください。

これでばっちり！
魔法の言葉かけ

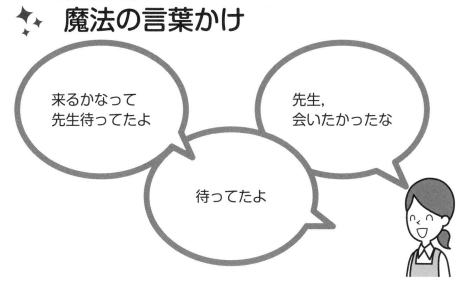

- 来るかなって先生待ってたよ
- 待ってたよ
- 先生，会いたかったな

言葉かけポイント＆アドバイス

　泣くのは子どもの仕事，泣いていても，ちゃんと園まで来られたことを認め，褒めてあげてください。
　もし，数日間続いたり執拗に激しいようであれば，生活に変化がなかったかどうか？　など保護者に聞いてみてもよいでしょう。

朝の受け入れ時

登園してすぐに走り回っている子ども

――― 子どもの行動 ―――

登園してきてすぐに，おもちゃへ向かって走りだしてしまう子。他のお友達の様子も見えていないよう。どんな言葉かけをしてあげたらよいでしょうか。

注意！
✕ NGな言葉かけ

走ったらダメでしょ！

走らないよ〜

Part2 場面別 魔法の言葉かけ 3・4歳児編

●●●●● 子どもの気持ちを考えよう ●●●●●

　走り回ってしまう行動は，園に来て，子どもたちの嬉しい気持ちや期待感のあらわれです。まだまだ言語と行動がリンクしていないので，行動の禁止用語だけでは分かりません。

これでばっちり！
魔法の言葉かけ

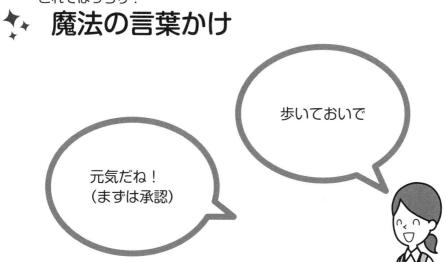

言葉かけポイント＆アドバイス

　子どもたちの「遊びたい！」という意欲のあらわれなので，まずは承認することから始めましょう。禁止用語ばかりだとまた同じことを繰り返し，怒らないと止まらなくなります。

|3・4歳児|4・5歳児|

朝の受け入れ時

体調が優れない，元気がない子ども

― 子どもの行動 ―

いつもは元気な子が，少し元気がなさそうに登園してきたとき，どんな言葉で迎えてあげたらよいでしょうか？

✕注意！ NGな言葉かけ

顔色が悪いよ，どうしたの？

（大きな声で）
具合が悪いの？
気持ち悪い？
熱があるかも！

Part2　場面別　魔法の言葉かけ　3・4歳児編

●●●●● 子どもの気持ちを考えよう ●●●●●

　まだ，自分の体調のよし悪しがよく分からない年頃なので，こちらの言葉や表情によってより不安にさせることのないよう気をつけましょう。

これでばっちり！
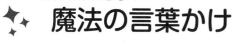

「頑張って園まで来たんだね」

「先生のところにおいで」

言葉かけポイント＆アドバイス

　本人がまだ自分で不調の様子を伝えられない年齢なので，さりげなく触ったりお話しをしながらよく様子を見て対応しましょう。

自由遊び，保育全般，片付け

おもちゃの取り合いで喧嘩をしている子ども

子どもの行動

おもちゃで遊んでいるときにお友達に貸してあげられず，いつも取り合いになって喧嘩をしてしまいます。そんな子には，どんな言葉かけをしてあげたらよいでしょうか？

✗ 注意！ NGな言葉かけ

> 取り合いしないの！

> 仲よくできないなら使えないよ

Part2　場面別　魔法の言葉かけ　3・4歳児編

●●●●● 子どもの気持ちを考えよう ●●●●●

社会性が芽生えたばかりで，友達と交渉する経験を積む時期です。取り合い自体を叱らないで見守りましょう。

魔法の言葉かけ

二人とも使いたいんだね，どうしたら一緒に遊べるかな？

かしてください！と言えるかな？

言葉かけポイント＆アドバイス

まだまだ言葉ではうまく伝えられない時期です。どうしたらよいか？　を一緒に考えて，友達との交渉の経験をさせてあげましょう。

自由遊び，保育全般，片付け

お友達の輪にうまく入れない子ども

―― 子どもの行動 ――

お友達が仲よく遊んでいるのをじっと見つめて，輪に入れない子がいます。どんな言葉かけをしてあげたらよいでしょうか？

 注意！
✕ **NGな言葉かけ**

- 自分から声をかけてごらん
- 一緒に遊びたいの？遊びたくないの？
- そういうときは「入れて」って言うんだよ

Part2　場面別　魔法の言葉かけ　3・4歳児編

●●●●● 子どもの気持ちを考えよう ●●●●●

まだ自分の想いを言葉にしてうまく伝えられない時期です。お友達との関わり方を一緒に経験させてあげましょう。また，一緒に遊びたくてじっと見ているので，尋問するようなことを言うのはやめましょう。

これでばっちり！
魔法の言葉かけ

ユーモアアプローチ
昔の人はね，「たのもう〜！」とか言ってたらしいよ！　なんて言ってみる⁈

「一緒に遊ぼう」って先生と一緒に言ってみようか！

言葉かけポイント＆アドバイス

　まだまだ言葉ではうまく伝えられない時期です。どうしたらよいかを子どもと一緒に考えて，お友達との関わり方を経験させてあげましょう。
　また，少しおどけてユーモアで，「（こういう場合は）〜なんて言ってみる？」と一緒に考えるのもいいですね。

自由遊び，保育全般，片付け

使ったものを片付けない子ども

― 子どもの行動 ―

お片付けの声がかかっても，遊んでいたおもちゃや絵本などを出しっぱなしで，後片付けができない子には，どんな言葉かけをしてあげたらよいでしょうか？

注意！
✕ NGな言葉かけ

早く元のところに片付けて

お片付けできないなら捨てちゃうよ

Part2　場面別　魔法の言葉かけ　3・4歳児編

● ● ● ● ● 子どもの気持ちを考えよう ● ● ● ● ●

今まで楽しく遊んでいたのに，突然言われても，元に戻したほうがよい理由が分からないので，子どもたちは片付けをする気持ちになれません。

これでばっちり！
魔法の言葉かけ

【ユーモアアプローチ】
出しっぱなしにしてると，「お世話になりました」って言って出ていっちゃうらしいよ?!

このおもちゃのおうちはどこだっけ？

次に遊ぶためにはどこに置いておいたらいいかな？

言葉かけポイント&アドバイス

　まだ，遊んだ後に片付けをしないといけないというルールが分かっていないことがあるので，「先生はここがいいと思うよ」と言うなどして，一緒にやってあげ，習慣化することが大事です。
　ユーモアアプローチは"ファンタジーの世界"なので，声のトーンを少し低くしたりヒソヒソ声で言うなど工夫して言ってみましょう。

自由遊び，保育全般，片付け

お話や絵本を落ち着いて聞けない子ども

3・4歳児 4・5歳児

子どもの行動

絵本の読み聞かせやお帰りの時間などに，なかなか落ち着いてお話しを聞けずうろうろとする子がいます。そんな子には，どんな言葉かけをしてあげたらよいでしょうか？

✘ 注意！ NGな言葉かけ

ちゃんと座って！

静かにして！

Part2　場面別　魔法の言葉かけ　3・4歳児編

子どもの気持ちを考えよう

　みんなで同じ行動をすることを学んでいる時期。ちゃんと座ることや静かにすることがよいこと，とまだ理解できていないので，大きな声で抑制するのはやめましょう。

これでばっちり！

魔法の言葉かけ

- 座ってお話しを聞いてくれる子はどなたでしょうか？
- ●●ちゃんがちゃんと座ってくれて嬉しいな
- ●●ちゃんの座っている姿が格好いいね

言葉かけポイント＆アドバイス

　まだまだ長い時間の集中は難しい時期です。大きな声を出して抑制するのではなく，きちんと座れていると素敵なんだと意識づけできるとよいですね。

自由遊び，保育全般，片付け

お友達にすぐ乱暴してしまう子ども

|3・4歳児|4・5歳児|

―― 子どもの行動 ――

最初は仲よく遊んでいても，途中からどうしてもお友達に乱暴をしてしまう子がいます。そんな子どもには，どんな言葉かけをしてあげたらよいでしょうか？

注意！
✗ **NGな言葉かけ**

乱暴しちゃいけないでしょ

●●くんはどうしてお友達と仲よくできないの？

子どもの気持ちを考えよう

まだこの年齢では，自分の気持ちをうまく言葉で伝えられないことがあるので，行動だけを責めないようにしましょう。

これでばっちり！ 魔法の言葉かけ

（ユーモアアプローチ）
からだの中には"こびとさん"がいて，栄養や元気を運んでいるんだって。叩いたりすると，こびとさんがケガして痛がるから，しないであげようね

お友達を叩いたら痛いよね

お口で伝えようね

言葉かけポイント＆アドバイス

　言葉がうまく出ないときに子どもは相手に対して手が出たり噛んだりすることがあるので，自分の気持ちを伝えることを丁寧に教えてあげてください。
　"こびとさん"のお話しをユーモアたっぷりにしてあげると，お友達同士でも「こびとさんが痛がるからやめてあげて」などと会話する姿が見られますよ。

|3・4歳児|4・5歳児|

自由遊び，保育全般，片付け

汚い言葉を使う子ども

子どもの行動

バーカ！
あーほ！

意味も分からず，汚い言葉を使う子がいます。おうちでも保護者の方が困っている様子。どんな言葉かけをしてあげたらよいでしょうか？

 注意！
✗ NGな言葉かけ

汚い言葉は使わないよ！

そんな言葉使っていいの？

子どもの気持ちを考えよう

悪い言葉の意味が分からないまま使っていることも多いので，言葉を発したことを直接叱らないようにしましょう。

これでばっちり！ 魔法の言葉かけ

ユーモアアプローチ
汚い言葉を使うと，頭のてっぺんからツノが生えてくるんだって！⇒（頭を触りながら）あっ大変！ちょっとポコッて生えてきてるかも?!

そんなこと言わずにこちらへ来てください
（淡々と。あまり大きく反応しない）

もっと素敵な言葉があるの知ってる？

言葉かけポイント＆アドバイス

この頃は，まずは悪い言葉であるということを気づかせてあげることが大事です。また，素敵な言葉を使えたときも褒めてあげてください（意識づけ）。

ユーモアアプローチは，子どもを脅すのではなく，「今汚い言葉を使っちゃった，言い直さなきゃ」と子どもが自ら気づけるようになるといいですね。

園外活動

準備が遅い子ども

3・4歳児　4・5歳児

―― 子どもの行動 ――

お散歩へ行くとき，ひとりマイペースな子がまわりに比べて準備が遅れています。このときどんな言葉かけをしてあげたらよいでしょうか？

✕ 注意！ **NGな言葉かけ**

- いつまでも遊んでないで
- 遅い人は連れて行きません
- 早くして

子どもの気持ちを考えよう

　まだこの時期は，遅いか早いか，の時間の感覚がありません。遅いとか早くという言葉だけで指示するのはやめましょう。

これでばっちり！
魔法の言葉かけ

> よく考えているんだよね。このあとのことも一緒に考えてみようか

> 昨日より早くできたね

言葉かけポイント＆アドバイス

　時間の感覚がない時期に，遅い遅いと言われ続けていると，"自分は遅い人間なんだ"と意識づけされてしまいます。大人の感覚で遅い早いを意識づけしないように注意しましょう。

園外活動

お散歩に行きたがらない子ども

―― 子どもの行動 ――

お散歩の時間になっても，みんなと一緒になかなか行きたがらない子がいます。そんなときにはどんな言葉かけをしてあげたらよいでしょうか？

✕ 注意！ NGな言葉かけ

「みんな行っちゃうよ」

「お留守番する？」

Part2　場面別　魔法の言葉かけ　3・4歳児編

● ● ● ● ● ● 子どもの気持ちを考えよう ● ● ● ● ● ●

「みんなに置いていかれる」とか「一人でお留守番をする」という言葉かけは，不安な気持ちにさせるだけで，子どもたちはお散歩に行きたい気持ちにはなりません。

これでばっちり！
魔法の言葉かけ

〈ユーモアアプローチ〉
あそこの曲がり角のところにウサギがかくれてるらしいよ！　見に行かない？　いろんな足跡があるらしいよ！

花壇にお花が咲いているかな？

虫を探しに行こうか？

言葉かけポイント＆アドバイス

子どもは，なかなか目の前のこと以外への想像力が及ばないので，外には思いもよらない楽しいことがあると気づかせてあげるような言葉かけをして，興味を惹いてみましょう。

園外活動

道中にふざける子ども

子どもの行動

お散歩の最中にお友達とふざけて列を乱す子がいます。車道も通るので危なくて気になります。そんな子にはどんな言葉かけをしてあげたらよいでしょうか？

✕ 注意！ NGな言葉かけ

ふざけない！

ふざける人は怪我するよ！

Part2 場面別 魔法の言葉かけ 3・4歳児編

●●●●● 子どもの気持ちを考えよう ●●●●●

「ふざける」ということへの概念がない年齢なので，お散歩で楽しくなってしまった気持ちもあり，その場面ごとにあった正しい行動を理解することができません。

これでばっちり！
✨ 魔法の言葉かけ

> みんなで一緒に並んで歩こうね

> ●●ちゃん，まっすぐ歩いてくださいね

言葉かけポイント＆アドバイス

　まだまだ意識が散漫で，好奇心旺盛な子どもたちはあちらこちらに興味が惹かれてしまいます。出かける前にお約束をするなど，前もって心構えを動機づけするのもよいでしょう。
　「今日お散歩の途中でふざける人〜？」と言ってみると，子どもたちは「いません！」と答えたりします。

園外活動

一人でじっとして動かない子ども

3・4歳児　4・5歳児

子どもの行動

お散歩で公園などへ行くと，一人だけじっとして動かず他のお友達と遊べない子がいます。そんな子へはどんな言葉かけをしてあげたらよいでしょうか？

注意！
✕ NGな言葉かけ

「みんなで遊ばなくちゃつまらないでしょ！」

「何してるの！」

Part2　場面別　魔法の言葉かけ　3・4歳児編

● ● ● ● ● 子どもの気持ちを考えよう ● ● ● ● ●

　いつも元気に遊ぶ子どもたちばかりではありません。そのときの気分や特性もあるので，子どもの気持ちを無視して選択を奪うような言葉かけはやめましょう。

これでばっちり！
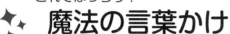

> どうしたのかな？
> 何か見つけたのかな？

> 何か楽しいことが見つかりそう？

言葉かけポイント＆アドバイス

　みんなと同じである必要はないですし，自分なりの楽しみを見つけている可能性もあります。外でじっとしていることがいけないことではないので，行動を観察して気持ちを聞いてあげてください。また，みんなで何かをするときに事前に促す言葉かけをしてあげてもよいですね。

園外活動

保育園に戻りたがらない子ども

3・4歳児 **4・5歳児**

― 子どもの行動 ―

お散歩先の公園からなかなか帰りたがらない子どもがいます。そのようなときにはどんな言葉かけをしてあげたらよいでしょうか？

✕ 注意！ NGな言葉かけ

「もう置いていくよ！」

「もう連れてこないよ！」

Part2　場面別　魔法の言葉かけ　3・4歳児編

●●●●● 子どもの気持ちを考えよう ●●●●●

この年齢はまだ時間の感覚がないので，せっかく楽しく遊んでいたのに急に戻らなければいけない理由が分かっていません。集中力を途切れさせるような言葉かけはやめましょう。

これでばっちり！
魔法の言葉かけ

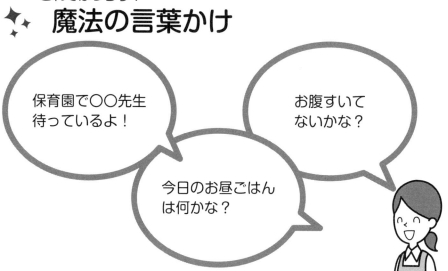

- 保育園で○○先生待っているよ！
- お腹すいてないかな？
- 今日のお昼ごはんは何かな？

言葉かけポイント＆アドバイス

時間の配分感覚がないので，急に言わずに「あと3回やったら帰りますよ」などと事前に伝えるようにしましょう。また，熱中していることを突然やめさせるような言葉かけはしないよう気をつけましょう。

園外活動

園に到着後，玄関でのんびりしている子ども

子どもの行動

お散歩から戻ってきたときに，園の玄関先でなかなか上がらずにのんびりしている子には，どんな言葉かけをしてあげたらよいでしょうか？

✕ 注意！ NGな言葉かけ

- 何やってるの？
- 早く脱いで手を洗って！
- ●●くんの靴はこっちじゃなくてそこ！

Part2　場面別　魔法の言葉かけ　3・4歳児編

●●●●● **子どもの気持ちを考えよう** ●●●●●

　何か次の行動を示唆をするときに，指示語だけでは「なぜそれをしなくてはならないか」が分からず，身につきません。自分で考えることができなくなるような言葉かけはやめましょう。

これでばっちり！
魔法の言葉かけ

お靴を脱いだらどこにしまうんだっけ？

今日はたくさん歩いて頑張ったね！帰ってきたら何するんだっけ？

言葉かけポイント＆アドバイス

　次の行動示唆はいいですが，毎日のルーチン行動はなるべく分かりやすく丁寧に伝えましょう。また，できるだけ「今何をすればよいか」を自分で考えられるような言葉かけを心がけましょう。

55

給食，午睡

食事中泣いたり立ち歩いてしまう子ども

3・4歳児 / 4・5歳児

― 子どもの行動 ―

お昼やおやつの時間に，気が散ってうろうろ立ち歩いたり，うまく食べられずに泣いてしまう子がいます。そんなときにはどんな言葉かけをしてあげたらよいでしょうか？

 注意！
✗ NGな言葉かけ

- ほら！ 泣かないで食べなさい！
- どうして立ち歩くの？ お行儀悪いでしょ！
- 食べているときは立たないよ！

Part2 場面別 魔法の言葉かけ 3・4歳児編

●●●●● 子どもの気持ちを考えよう ●●●●●

　食事中に泣いたり立ったりして食事をしないことが，「お行儀が悪い」ということがまだ分かっていません。目の前の行動だけを取り立てて抑止するような言葉かけはやめましょう。

これでばっちり！
魔法の言葉かけ

> （きちんと座れているときに）
> ちゃんと座って食べていて素敵！　お兄さん（お姉さん）だね！

> お椅子に座って
> ごあいさつしようね

言葉かけポイント＆アドバイス

　まずは，食事が楽しいこと，みんなで食べると楽しい，と思ってもらうことが大事です。誘いかけをし，楽しく過ごせるように寄り添って協力をしてあげてください。また，座って食べられたときに，よいことだと「意識づけ」の言葉かけも忘れないようにしましょう。

給食，午睡

好き嫌いが多い子ども

3・4歳児 | 4・5歳児

―― 子どもの行動 ――

給食やおやつで嫌いなものが多く，なかなか食べられない子には，どんな言葉かけをしてあげたらよいでしょうか？

 注意！
NGな言葉かけ

「好き嫌いをしていると大きくなれないよ！」

「好き嫌いはダメ！」

子どもの気持ちを考えよう

　まだ，本人自身がその食べ物が本当に好きか嫌いかは分からない年齢です。あえて言葉にすることで，好きか嫌いかを意識づけしてしまうような言葉かけはやめましょう。

これでばっちり！ 魔法の言葉かけ

「ユーモアアプローチ」
（食べ物に耳を近づけて）
ん？　ピーマンさんが何か言ってるよ！
「食べてください！」って泣いてるみたい！
食べてあげようか？

もう一口だけ食べられるかな？

すごいね，△△食べられるのね！　次は☆☆も食べてみようね！

言葉かけポイント＆アドバイス

　「あらあら?!」など，自分の行動を意識する言葉かけをしてみましょう。
　この頃はまだいろいろなものに出会うときで，本当の好きも嫌いも分かりません。まずは，食事が楽しいものであることを意識しながら，チャレンジに付き合ってあげましょう。

| | 3・4歳児 | 4・5歳児 |

給食，午睡

「食べさせて―」と自分でなかなか食べようとしない子ども

― 子どもの行動 ―

食事の時間になると，「食べさせて―」と言って自分で食べようとしない子がいます。そんな子にはどんな言葉かけをしてあげたらよいでしょうか？

 注意！
✕ NGな言葉かけ

「自分で食べられないなら食べなくていいよ！」

「赤ちゃんみたい」

子どもの気持ちを考えよう

　まだまだ食事を楽しむことを身につけて欲しい時期なので，食事を楽しめなくなるような言葉かけはやめましょう。また，小さいながらもプライドがあります。赤ちゃんみたいと言われると傷ついてしまいます。

これでばっちり！
魔法の言葉かけ

- 自分で頑張れるかな？
- お兄さん（お姉さん）になって欲しいな
- お兄さん（お姉さん）なところ見せて欲しいな！

言葉かけポイント＆アドバイス

　食べさせる・させないにこだわらず，「大きくなって欲しいな」などの言葉で，本人のやる気が出るような言葉かけを意識してみましょう。
　また，妹や弟を迎えた頃は一時的なこともあるので，できないことにあまりとらわれないようにしましょう。

給食，午睡

おしゃべりが多くなかなか食べ終わらない子ども

3・4歳児 | 4・5歳児

―― 子どもの行動 ――

言葉をどんどん覚える時期なので，楽しくておしゃべりばかりして食事が進まない子がいます。そんな子にはどんな言葉かけをしてあげたらよいでしょうか？

✕ 注意！
NGな言葉かけ

おしゃべりばかりしないよ

いつまで食べてるの？

Part2　場面別　魔法の言葉かけ　3・4歳児編

●●●●●　子どもの気持ちを考えよう　●●●●●

　まだ時間的な感覚が分からない年齢です。また，この歳ではおしゃべりも楽しいことの一つなので，そのことだけを咎め，禁止するような言葉かけはやめましょう。

これでばっちり！
魔法の言葉かけ

　　　　　　　　　　　　　　　　　　お食事終わりかな？

そろそろごちそうさまですか？

言葉かけポイント＆アドバイス

　時間の配分が分からない年齢なので，こちらが時間配分を考えて，促すような言葉かけを意識しましょう。

給食，午睡

給食をあまり食べなかった子ども

3・4歳児 | 4・5歳児

子どもの行動

食が細く，いつも給食を残してしまいます。頑張って食べられるようにどんな言葉かけをしてあげたらよいでしょうか。

✕ 注意！ NGな言葉かけ

今日はあんまり食べられなかったね

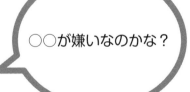

○○が嫌いなのかな？

子どもの気持ちを考えよう

　まだまだ食事を楽しむことを身につけたい年齢です。食べなかったことや何か嫌いなものを取り立てて，かえって意識づけするような言葉かけはやめましょう。

これでばっちり！
魔法の言葉かけ

> 次はきっと食べられるよ

> いろいろなものを食べて大きくなろうね

言葉かけポイント＆アドバイス

　好き嫌いや食べる量はまだ不安定で，この年齢では決めつけないようにしましょう。次は食べられるかも！　と思わせるような言葉かけをしてサポートしてあげましょう。

給食，午睡

なかなか眠れない，おしゃべりなどで寝たくない子ども

3・4歳児　4・5歳児

― 子どもの行動 ―

午睡の時間におしゃべりをしてなかなか寝つけない子がいます。そんな子にはどんな言葉かけをしてあげたらよいでしょうか？

✕ 注意！ NGな言葉かけ

　　寝ないと△△が来るよ

　　寝ない人は××で遊べないよ

子どもの気持ちを考えよう

午睡は毎日のリズムでもあり，寝ることはリラックスすることでもあります。プレッシャーを感じたり不安にさせるような言葉かけはしないようにしましょう。

これでばっちり！
魔法の言葉かけ

ユーモアアプローチ
"お話の缶"っていうのがあってね，この缶にいっぱい溜めておけるんだって！（お話しさせてみる）→お話全部入った？ じゃあおしまいね！

眠ったらまた元気になるね

起きたらまたいっぱい遊ぼうね！

言葉かけポイント＆アドバイス

「寝るといっぱい元気が溜まるんだよ！」など身体を休めることの大切さを丁寧に伝えてあげて，安心してリラックスできるような言葉を選んで言葉かけをしてあげてください。

お話が止まらない子の場合は，"お話の缶"の話をしてみてあげてください。いざ缶に話をしようとすると，意外に話すことはないものです。気が済んで寝てくれることが多いですよ。

着替え，排泄介助

衣服の着脱がうまくできず泣いている子ども

3・4歳児　4・5歳児

― 子どもの行動 ―

お着替えのとき，自分でなかなかうまく着替えることができずに泣いている子がいます。そんなときにはどんな言葉かけをしてあげたらよいでしょうか？

注意！
NGな言葉かけ

- 泣かないでやってごらん？
- 泣く人のお手伝いはしませんよ！
- ●●ちゃんはもうできたよ

Part2 場面別 魔法の言葉かけ 3・4歳児編

●●●●● 子どもの気持ちを考えよう ●●●●●

まだ，うまくできないことを泣くことで表現することがある年齢です。泣かないでできる方法を教えてあげましょう。

これでばっちり！ 魔法の言葉かけ

（ユーモアアプローチ）
先生が着てもいい？このコート先生欲しかったんだ〜！

手伝ってくださいって言ってもいいよ

泣かないでもできるよ

言葉かけポイント＆アドバイス

　まだまだ手先がうまく動かず，思うようにできないことがあるので，少し手を貸して自分でできるという達成感に付き合ってあげてください。また，「手伝ってくださいと言ってもいいよ」という安心感を与えるのもいいですね。ユーモアアプローチで，小さな洋服を先生が着ようとする仕草を見せると「ダメ！　ぼくのだよ！」などと慌てて会話を始め，いつの間にか泣き止むことも多いです。

着替え，排泄介助

着替えを自分でしようとしない子ども

子どもの行動

お着替えのときに，自分で着替えようとしない子がいます。そんな子にはどんな言葉かけをしてあげたらよいでしょうか？

 注意！
NGな言葉かけ

- 早く着替えて！
- お洋服はいらないの？
- （何も言わずに保育者が着替えさせる）

子どもの気持ちを考えよう

　まだまだ自信がなく一人でできない気持ちを抱えていたり，面倒に感じていたり，誰かに関わって欲しかったりと，理由はさまざまです。指示するだけで不安にさせるような言葉かけはやめましょう。

これでばっちり！
魔法の言葉かけ

> お着替えしたら気持ちいいよ

> 一緒にお着替えしてみようか？

言葉かけポイント＆アドバイス

　自分でやってみたいと思うような言葉や，気持ちが変わるような言葉かけをして，まずは安心させてあげましょう。また，できたときを見逃さず「すごいね，ひとりでできたんだね」と自分でできることを意識づけすることも忘れないようにしたいですね。

着替え，排泄介助

トイレに行きたがらない子ども

3・4歳児　4・5歳児

― 子どもの行動 ―

トイレに行くタイミングをみて声かけをしても，遊びに夢中でなかなかトイレに行きたがらない子には，どんな言葉かけをしてあげたらよいでしょうか？

注意！
✕ NGな言葉かけ

「さっさとトイレに行きなさい！」

「おもらししちゃうよ！」

子どもの気持ちを考えよう

それまでやっていたことに熱中して，トイレに行かなければいけない状況に切り替えられていないだけなので，ネガティブな言葉かけで誘導しないようにしましょう。

これでばっちり！
魔法の言葉かけ

ユーモアアプローチ
"トイレの神様"が「いい子になるかなー？」って呼んでるよ！

そろそろお散歩に行くけどトイレに行っておきますか？

言葉かけポイント＆アドバイス

遊びに夢中になって忘れているだけのことが多いので，行かないことにこだわらず，気づかせてあげるような言葉かけをしてみましょう。全体に一斉に言うよりも，事前に言葉をかけてあげるといいでしょう。
"トイレの神様"のお話も常々してみてください。

着替え，排泄介助

おもらし・おねしょをしてしまった子ども

3・4歳児 4・5歳児

―― 子どもの行動 ――

午睡でおねしょをしてしまったり，遊びに夢中でトイレが間に合わずおもらしをしてしまった子に，どんな言葉かけをしてあげたらよいでしょうか？

 注意！
✕ NGな言葉かけ

「また，シーツ汚しちゃったの？」

「さっきトイレに行かなかったからでしょ！」

Part2　場面別　魔法の言葉かけ　3・4歳児編

●●●●● 子どもの気持ちを考えよう ●●●●●

　一日一日を精一杯頑張っている中で，不安定な気持ちから緊張すると失敗することが多い年齢です。あえてプレッシャーや不安になるような言葉かけはやめましょう。

これでばっちり！
✨ 魔法の言葉かけ

「濡れちゃって気持ち悪かったね」

「着替えたら大丈夫だよ」

言葉かけポイント＆アドバイス

　身体の機能の問題なので子どもに合わせた対応が必要です。おねしょやおもらしをしたことが意識づけされてしまうような言葉かけには注意しましょう。

降園時

降園時にお友達とふざけて なかなか帰らない子ども

― 子どもの行動 ―

保護者がお迎えに来ているのに，なかなか帰りの支度ができずにいる子どもへは，どんな言葉かけをしてあげたらよいでしょうか？

 注意！
✕ NGな言葉かけ

「いつまで遊んでいるの？」

「ママに置いていかれちゃうよ！」

Part2 場面別 魔法の言葉かけ 3・4歳児編

●●●●● 子どもの気持ちを考えよう ●●●●●

時間の感覚がまだないこの年齢では、帰りの支度への気持ちの切り替えが急にはできません。明日につながる一日の最後に、寂しい気持ちにさせるような言葉かけはやめましょう。

これでばっちり！
✨ 魔法の言葉かけ

（ユーモアアプローチ）
力余ってますねー！
（体や足を触りながら）
⇒気分を切り替える

パパ（ママ）が待っているから一緒に帰ろうね

明日またたくさん遊ぼうね

言葉かけポイント＆アドバイス

子どもにとって楽しい時間が途切れるのは寂しいものです。お友達と離れるのがいやなだけなので、明日につながる期待の言葉かけを心がけて、気持ちよく一日を終わりにしましょう。

降園時

延長保育でお迎えが遅れている子ども

3・4歳児 | 4・5歳児

― 子どもの行動 ―

おむかえまだかな…

お迎えの時間になってもなかなか保護者が来ず，寂しそうにしている子どもには，どんな言葉かけをしてあげたらよいでしょうか？

注意！
✕ NGな言葉かけ

- ママ遅いね，まだ来ないのかな？
- 一人で待ってるのは寂しいよね
- ママ来なくても待ってられるもんね！

Part2 場面別 魔法の言葉かけ 3・4歳児編

●●●●●● 子どもの気持ちを考えよう ●●●●●●

　時間は分からなくても，お迎えが遅れていることは何となく感じています。ママやパパを思い出させたりその不安な気持ちを強調するような言葉かけはやめましょう。

これでばっちり！ 魔法の言葉かけ

〈ユーモアアプローチ〉
ママにお電話してみようか！（ママと電話で話しているフリをしながら）今電車の中だから代われないですもんね〜待ってますね！

一緒に遊んで，待っていようね

もうすぐ来るよ

言葉かけポイント＆アドバイス

　周りのお友達が次々と帰っていく中で寂しく不安に思っているので，とにかく不安な気持ちにならないように，気を紛らわせてあげましょう。
　「ママにお電話してみようか」というユーモアアプローチは，急いで向かってくれていることが分かり子どもも安心します。

降園時

忘れ物を取りに戻ってきた子ども

子どもの行動

保護者と一緒に帰って行った子どもが，忘れ物をして不安そうに園に戻ってきました。そんな子にはどんな言葉かけをしてあげたらよいでしょうか？

✗ 注意！ NGな言葉かけ

- もう保育園はおしまいよ
- 早くしないとママ行っちゃうよ
- 早く帰らなくちゃ！

Part2 場面別 魔法の言葉かけ 3・4歳児編

●●●● 子どもの気持ちを考えよう ●●●●

　うっかり忘れものをして戻って来ることだけでも，子どもは不安な気持ちでいっぱいです。そんな気持ちを助長させるようなネガティブな言葉かけはやめましょう。

これでばっちり！
魔法の言葉かけ

> 何か忘れもの しちゃったの？

> トイレに行きたかったのかな？

言葉かけポイント＆アドバイス

　忘れ物をしたという不安を拭えるよう，「なぜ戻ってきたか」を汲み取る気持ちで，落ち着かせるように具体的な言葉かけをしてあげましょう。

Part3

場面別
魔法の言葉かけ　4・5歳児編

朝の受け入れ時

朝のごあいさつができない子ども

— 子どもの行動 —

お散歩中や園内ではごあいさつができるのに，朝の登園時にごあいさつができません。どんな言葉かけをしてあげたら元気にごあいさつができるようになりますか？

 注意！
✕ NGな言葉かけ

ごあいさつしなくちゃダメでしょ！

おはようの声が聞こえないね〜

Part3 場面別 魔法の言葉かけ 4・5歳児編

●●●●● 子どもの気持ちを考えよう ●●●●●

ごあいさつをしなくてはいけないことを本人は分かっています。タイミングを計っているのに叱ってしまってはうまくできなくなってしまいます。

これでばっちり！
魔法の言葉かけ

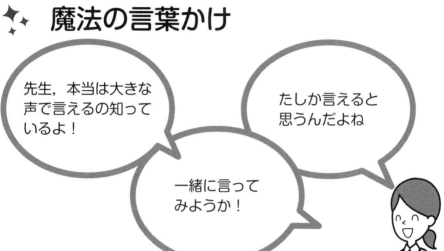

先生，本当は大きな声で言えるの知っているよ！

たしか言えると思うんだよね

一緒に言ってみようか！

言葉かけポイント＆アドバイス

大人はあいさつを当たり前にしたくなるのですが，子どもたちは経験がまだ十分にはありません。「言えるの知っているよ」という言葉かけで安心させ，タイミングよく言えるようになるまで根気強く付き合ってあげてください。次のきっかけになるような言葉をかけて，「いつかできる」と信じて笑顔で待ちましょう。

朝の受け入れ時

3・4歳児　4・5歳児

登園してすぐに走り回っている子ども

―子どもの行動―

登園してきてすぐに，身支度もしないうちから走り回っている子には，どんな言葉かけをしてあげたらよいでしょうか？

 注意！
NGな言葉かけ

- お部屋の中は走りませんよ！
- 走っちゃダメだって分かってるよね？
- なんで走るの？（大人に言うように）

Part3 場面別 魔法の言葉かけ 4・5歳児編

●●●●● 子どもの気持ちを考えよう ●●●●●

自分の感情とルールを学ぶ大事なときです。気持ちを無視するようなきつい言葉は使わないようにしましょう。

これでばっちり！
✨ 魔法の言葉かけ

ユーモアアプローチ
「元気が余ってますね！」

「走りたくなるよね，でもここは何をするところだっけ？」

言葉かけポイント＆アドバイス

怒らずに，自分で走ってはいけない場所だと気づくことができる言葉かけを心がけましょう。

また，時々先生が億劫がって遠くから大きな声を出していることがありますが，なるべくそばに行き伝えましょう。止むを得ない場合には，他の子どもに「●●くんに伝えて来てくれる？」とお願いするなどしてみましょう。

朝の受け入れ時

体調が優れない，元気がない子ども

― 子どもの行動 ―

いつも元気にごあいさつしてくれる子が，少し体調が優れない様子で登園してきたとき，どんな言葉をかけてあげたらよいでしょうか？

 注意！
NGな言葉かけ

顔色が悪いよ，どうしたの？

（大きな声で）
具合が悪いの？
気持ち悪い？
熱があるかも！

Part3　場面別　魔法の言葉かけ　4・5歳児編

● ● ● ● 子どもの気持ちを考えよう ● ● ● ●

　元気のない様子には何かしらの理由があるはず。こちらの反応によって，より不安にさせるような言葉や表情には気をつけましょう。

これでばっちり！
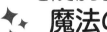
魔法の言葉かけ

　　　　　　　　　　　　　　　　先生待っていたよ，
　　　　　　　　　　　　　　　　よく来たね

今日の朝ごはんは
たくさん食べられた
かな？

言葉かけポイント＆アドバイス

　本当に具合が悪いようであれば，この歳ですと経験があり分かるので，体調の様子を具体的に聞いてみてもよいでしょう。
　また，食事の量や睡眠など生活習慣についても話してみましょう。

3・4歳児 | 4・5歳児

自由遊び，保育全般，片付け

特定の子を仲間外れにしている子ども

――― 子どもの行動 ―――

特定の子を仲間外れにして，自分たちだけ盛り上がって遊んでしまうときがあります。そんなときはどんな言葉かけをしてあげたらよいでしょうか？

 注意！
ＮＧな言葉かけ

「仲間外れにする人は，自分もされますよ！」

「入れてあげない人は誰ですか？!」

子どもの気持ちを考えよう

まだ，先を読むことや人にされたらいやなことが分からず，自分の自我を通してしまう時期です。社会性としての善悪や周囲への配慮は，先生が丁寧に向き合って教えてあげましょう。

これでばっちり！
魔法の言葉かけ

（ユーモアアプローチ）
一緒に遊びたい人 この指と〜まれ！

（ユーモアアプローチ）
一緒に遊びたい人 募集中〜

●●ちゃんももしかしたら入りたいんじゃない？

言葉かけポイント＆アドバイス

「（お友達を）入れてあげた・入れてあげなかった」の白黒をつけたり，「●●くん・●●ちゃんが悪い」などと犯人探しをしないようにしましょう。仲間外れにしていることを意識化していってしまいます。子どもたちは，まだまだ自分のしたいことをしているだけなので，そこをゆっくり理解できるよう向き合ってあげることが大切です。

自由遊び，保育全般，片付け

使ったものを片付けない子ども

子どもの行動

みんなで一斉にお片付けをする中，ひとりおもちゃをそのまま出しっぱなしにしている子。どんな言葉かけをしてあげたらよいでしょうか。

注意！

NGな言葉かけ

出しっぱなしの人は誰？

片付けない人は他のおもちゃを使えないよ

子どもの気持ちを考えよう

お友達の前で恥をかかされて辱められている気持ちになるので、誰か特定の人が注目されるような言葉かけはやめましょう。

これでばっちり！
魔法の言葉かけ

一緒に片付けてくれる人〜？

●●ちゃんが手伝ってくれて、先生助かっちゃった

言葉かけポイント＆アドバイス

お片付けがきちんとできる子どもは、先生の行動も見ていますので、言葉かけだけではなく"先生も一緒に片付ける姿"を見せるとよいでしょう。

3・4歳児　4・5歳児

自由遊び，保育全般，片付け

お友達にすぐ乱暴してしまう子ども

―― 子どもの行動 ――

「たたかいごっこ」などの延長で，ついお友達に乱暴してしまう子がいます。そんな子にはどんな言葉かけをしてあげたらよいでしょうか？

 注意！
✗ NGな言葉かけ

どうしてそんなことするの？
（問い詰めるように）

叩くような人はお友達に嫌われちゃうよ

● ● ● ● ● 子どもの気持ちを考えよう ● ● ● ● ●

　乱暴がいけないことだとは分かっている年齢ですが，気持ちのコントロールがうまく取れないことがあります。あえて追い込むようなことは言わないようにしましょう。

これでばっちり！
魔法の言葉かけ

本当は分かっているよね？
どうしたらよかったと思う？

ちょっとふざけすぎてないかな？

言葉かけポイント＆アドバイス

　この年齢では，乱暴がいけないことだと分かっているので，行動の背景に何があるのかも，家族の情報などから考慮する必要があります。また，この年齢で本気の乱暴は危険であることもちゃんと伝えましょう。

自由遊び，保育全般，片付け

汚い言葉を使う子ども

子どもの行動

園内で，汚い言葉を使う子がいます。小さいお友達なども真似をし始めて困っています。どんな言葉かけをしてあげたらよいでしょうか？

注意！ NGな言葉かけ

「汚い言葉は使わないよ！」

「ばかって言ったら自分がばかです」

Part3 場面別 魔法の言葉かけ 4・5歳児編

● ● ● ● ● 子どもの気持ちを考えよう ● ● ● ● ●

　使ってはよくない言葉だと自分で気づかせなくてはいけないので，直接的に抑制するような言い切りの言葉は使わないようにしましょう。

これでばっちり！
✨ 魔法の言葉かけ

> その言葉は
> 正しいかな？
> （本人に考えさせる。
> 抑制しようとしない）

> もっと素敵な言葉が
> あるの知ってる？

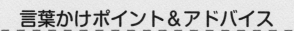

─ 言葉かけポイント＆アドバイス ─

　悪い言葉だと分かっていながら，勢いやノリで発してしまうことがあるので，自分で気づけるような言葉かけをしましょう。
　悪いと分かっていても，その言葉を使わずにいられないのはどうしてか，本人の気持ちや背景を考慮することも大切です。また，その場面だけにとらわれず，いい言葉を使っているときに褒めて意識づけをしましょう。

園外活動

3・4歳児　4・5歳児

準備が遅い子ども

子どもの行動

お昼ごはんの準備やお散歩に行くときなど，一人だけ準備の遅い子がいます。そんな子にはどんな言葉かけをしてあげたらよいでしょうか？

✕ 注意！ NGな言葉かけ

　ぐずぐずしないの！

　遅い人は置いていくよ

子どもの気持ちを考えよう

4・5歳になると生活リズムの習慣も身につき始めます。身についた習慣は，言葉の指示だけではすぐに直らないことを念頭に置きましょう。

これでばっちり！
魔法の言葉かけ

> もう少しで終わりそう？

> いつもよりなんだか早くできてるかな？

言葉かけポイント＆アドバイス

習慣づいたリズムを直すのには，根気強く本人のやる気を後押しするような言葉かけが必要です。決して急かすことなく子どものリズムを大切にサポートしましょう。早めに声をかけて成功体験を積ませてあげたいですね。

園外活動

お散歩に行きたがらない子ども

3・4歳児 | 4・5歳児

―― 子どもの行動 ――

お散歩の時間になっても進めていたブロック遊びをやめようとしない子がいます。どんな言葉かけをしてあげたらよいでしょうか。

✕ 注意！ NGな言葉かけ

なんで一緒に行かないの？

一人でお留守番する？

Part3 場面別 魔法の言葉かけ 4・5歳児編

●●●●● 子どもの気持ちを考えよう ●●●●●

　気持ちを追い詰めるような詰問は，子どもの気持ちが余計に閉ざされてしまうので，しないように注意しましょう。

これでばっちり！
魔法の言葉かけ

「お友達と一緒に"たかおに"しようと思うけど，"たかおに"って知ってる？」

「●●ちゃんの好きな昆虫がいるかもね，一緒に探しに行く？」

言葉かけポイント＆アドバイス

　本人が好きなことや，楽しいことがイメージできるように誘ってみましょう。ただ，今までしていた遊びを中断されるのがいやな場合もあるので，行きたくない理由・本人の気持ちを聞いてあげることも大切です。

園外活動

道中にふざける子ども

子どもの行動

お散歩中のルールを守れず，道中でふざけてしまう子がいます。どんな言葉かけをしてあげたらよいでしょうか。

注意！
✕ NGな言葉かけ

ふざけない！

●●ちゃん何してるの！ いいのそんなことして！

Part3 場面別 魔法の言葉かけ 4・5歳児編

● ● ● ● ● 子どもの気持ちを考えよう ● ● ● ● ●

本人はいけないと分かっていますが，気持ちが高ぶってしまうこともある年齢です。どうやったらルールを守れるか，自分で考えられるよう向き合ってあげてください。

これでばっちり！
✨ 魔法の言葉かけ

> お散歩のときはどうやって歩くのがいいんだったかな？

> あら？　何してるの？

言葉かけポイント＆アドバイス

ふざけることがよくないことだと分かっていても，楽しくなるとルールを守ることと気持ちのバランスが難しくなってしまうことがあります。自分でどうしたらよいか，お散歩へ行く前に子どもたちとルールの共有をして，自分で気づけるような言葉かけを心がけてください。

園外活動 ……

保育園に戻りたがらない子ども

3・4歳児 | 4・5歳児

―― 子どもの行動 ――

お散歩で公園に行くと，お友達との遊びに夢中で，帰る時間だと伝えても帰りたがらない子どもがいます。そのようなときにはどんな言葉かけをしたらよいでしょうか？

✕ 注意！ NGな言葉かけ

「一人で残ってる？」

「お約束を守れないのはダメ！」

Part3　場面別　魔法の言葉かけ　4・5歳児編

●●●●● **子どもの気持ちを考えよう** ●●●●●

　夢中で遊んでいるときは，まだまだ時間の感覚がありません。集中して遊んでいる最中に，突然止められるのは気持ちの折り合いがつけられないので，突然の言葉かけはやめましょう。

これでばっちり！
✨ 魔法の言葉かけ

> あと5分位で
> 終わりにしようね

> この葉っぱを持って
> 帰って何か作ろうか？

言葉かけポイント＆アドバイス

　まだ計画を立てていくことが分からないので，遊びを突然終わらせることのないように，この年齢になったら「時間の目安」を伝えるようにしましょう。おしまいの約束事を決めて時刻（あと5分したら何時だから）を守るなど，だいたい5分位の長さの時間感覚を習得するのも大事なことです。

給食

食事中泣いたり立ち歩いてしまう子ども

3・4歳児 ／ 4・5歳児

―― 子どもの行動 ――

食事の時間にお友達のことが気になってうろうろ立ち歩いたり，嫌いなものがあって泣いてしまう子がいます。そんなときにはどんな言葉をかけてあげたらよいでしょうか？

 注意！
✕ NGな言葉かけ

「ほら！立ったらダメ！」

「泣いている間になくなっちゃうよ！」

Part3　場面別　魔法の言葉かけ　4・5歳児編

● ● ● ● ● 子どもの気持ちを考えよう ● ● ● ● ●

　自分で考えて行動をして欲しい年齢です。食事中に立ったり泣いたりすることがよくないことだと分かっていながらもできない子に，恐怖だけを味わわせるような乱暴な言葉かけはやめましょう。

これでばっちり！

魔法の言葉かけ

あら？　お食事中に立って歩いてもいいんだったかな？

どうやって食べるのが素敵なお兄さん（お姉さん）なんだっけ？

言葉かけポイント＆アドバイス

　社会的なマナー，食事のマナーがそろそろ分かってくる年齢なので，自分で考えて行動できるように促すことが必要です。どうすることがよいことか，人からどう見られるかを考えられるような言葉かけをしてサポートしてあげてください。

107

給食

好き嫌いが多い子ども

子どもの行動

嫌いなものが多く，なかなかみんなと一緒に給食やおやつを食べられない子には，どんな言葉かけをしてあげたらよいでしょうか？

✕ 注意！ NGな言葉かけ

- 片付けちゃうよ！
- 全部食べられないと遊べないよ
- 何でも食べないと大きくなれないよ！

Part3　場面別　魔法の言葉かけ　4・5歳児編

●●●●● 子どもの気持ちを考えよう ●●●●●

　少しずつ食べ物の好き嫌いが出る時期でもありますが，体調の変化や気分で食べたくないときもあります。食べられないことだけを責めるような言葉かけはやめましょう。

これでばっちり！ 魔法の言葉かけ

（ユーモアアプローチ）
にんじんは切ると紫らしいよ！　○○先生！　にんじんさんは切ると紫ですか？
（他の先生と連携）
うーん，どうでしょうねぇ？　紫色ではないかも？

もうひとくちは頑張れそうかな？

□□（例：サッカー）を頑張るにはこれも食べられるといいらしいよ

言葉かけポイント＆アドバイス

　できるだけ自分で考えさせる言葉かけをしましょう。
　また，なぜ食べた方がよいかを考えるような言葉かけをして，身体を強くすることや身体によいことが分かる意識づけができるといいですね。ユーモアアプローチは，他の先生と連携して言ってみるのも効果的です。

| | 3・4歳児 | 4・5歳児 |

給食

おしゃべりが多くなかなか食べ終わらない子ども

― 子どもの行動 ―

いつも元気があって，給食やおやつの時間にもおしゃべりが止まらず，お友達と一緒にごちそうさまができない子がいます。どんな言葉かけをしてあげたらよいでしょうか？

 注意！
✕ NGな言葉かけ

そんなに遅かったら先生が食べちゃうよ！

もう食べないなら片付けちゃうよ！

Part3　場面別　魔法の言葉かけ　4・5歳児編

● ● ● ● ● ● **子どもの気持ちを考えよう** ● ● ● ● ● ●

　食事中におしゃべりばかりすることはよくないことだと分かっている中で，食べてしまう，片付けてしまうという不安や焦りの言葉かけで食べるように仕向けるのはやめましょう。

これでばっちり！
魔法の言葉かけ

- もうすぐおしゃべり終わりますか？
- お時間大丈夫かな？
- もうおしまいでいいのかな？

言葉かけポイント&アドバイス

　食事中のおしゃべりがダメなことだと分かっているので，食事をすることに意識を戻してあげるような言葉かけをしましょう。

給食

給食をあまり食べなかった子ども

3・4歳児 4・5歳児

―― 子どもの行動 ――

お友達と一緒に食べていてもいつも給食を残してしまいます。好き嫌いではなさそうなのですが，頑張って食べられるようにどんな言葉かけをしてあげたらよいでしょうか？

注意！
✕ NGな言葉かけ

ちゃんと食べないと大きくなれないよ！

△△ちゃんはちゃんと食べられたのに

△△ちゃんのほうがたくさん食べていたよ

子どもの気持ちを考えよう

　食事の量にそれぞれの違いが出る頃ですが，そのときの体調や気分もあるので，他の子どもとの比較を意識させるような言葉かけはやめましょう。

これでばっちり！
魔法の言葉かけ

> きっと次は
> 食べられるよ

> 違うお料理なら
> 食べられるものね！

言葉かけポイント＆アドバイス

　ネガティブな言葉で食べられるようにしても食事は楽しくなりません。食が細いとか好き嫌いが多いなどと決めつけず，次につながるような言葉かけで寄り添うよう心がけましょう。

着替え，排泄介助

ボタン・ファスナーがうまくできずかんしゃくを起こしている子ども

3・4歳児 | 4・5歳児

―― 子どもの行動 ――

お着替えのとき，自分でボタンやファスナーをうまくできずにすぐ泣きだしてしまいます。そんなときにはどんな言葉かけをしてあげたらよいでしょうか？

 注意！

✕ NGな言葉かけ

> 泣いているのはおかしいよ！

> 泣かないで自分でできるでしょ！
> （訓練のように）

子どもの気持ちを考えよう

「泣いているのはおかしい」の意味が子どもたちには分かりません。うまくできずに泣いてしまっている子どもの気持ちを汲み取り優しく対話するようにしましょう。

これでばっちり！

魔法の言葉かけ

先生も見ててあげるからやってみようか？

先生がお手伝いしましょうか？

言葉かけポイント＆アドバイス

人にやってもらうのではなく，やればできるという"自分で頑張る気持ち"に持っていくような言葉かけをして，自分でできた経験を一緒に積んであげてください。

着替え，排泄介助

着替えを自分でしようとしない子ども

|3・4歳児|4・5歳児|

子どもの行動

朝の登園時や帰りのときに，自分で着替えをしない子がいます。そんな子にはどんな言葉かけをしてあげたらよいでしょうか？

✕ 注意！ NGな言葉かけ

早く着替えて！

△△ちゃんは自分でできたよ

これぐらい自分でできるでしょう

Part3 場面別 魔法の言葉かけ 4・5歳児編

●●●●● 子どもの気持ちを考えよう ●●●●●

　指示をしたり他の子と比べたりするだけでは，自分で着替えようという自主性を育むことは難しく，次につながりません。

魔法の言葉かけ

（やりやすくなるよう
サポートしながら）
自分でできるよ！

ここまでできたね〜！
さすがお兄さん（お姉
さん）！

言葉かけポイント＆アドバイス

　できないことが辱められるような言葉は使わないようにしましょう。コツコツ努力してできるようになるために，どうしたらよいかを考えられるよう応援し励ましながら付き合ってあげましょう。"自分でできた"という経験を積ませることが大切です。

着替え，排泄介助……

トイレに行きたがらない子ども

3・4歳児　4・5歳児

―― 子どもの行動 ――

お散歩前の準備でトイレに行くように言葉かけをしても，なかなかトイレに行きたがらない子には，どんな言葉かけをしてあげたらよいでしょうか？

✕ 注意！ NGな言葉かけ

「トイレに行かないなら置いていくよ」

「途中でトイレに行きたくても行けないよ」

Part3　場面別　魔法の言葉かけ　4・5歳児編

● ● ● ● ● 子どもの気持ちを考えよう ● ● ● ● ●

　自然な生理現象なので，本来は自分で気づいて欲しい年齢です。不安な気持ちになって自分でコントロールができなくなるような指示する言葉かけはやめましょう。

これでばっちり！
魔法の言葉かけ

ユーモアアプローチ
トイレのお水がちゃんと流れるかどうか見て来てくれるかな？

トイレは行かなくて大丈夫？

言葉かけポイント＆アドバイス

　自然な欲求なので，自分で気づいて行けるようにならないといけない年齢です。自然なリズムでトイレに行く習慣がつくようなサポートをしてあげましょう。

　面倒くさがって行かない子には，ユーモアアプローチで「ちょっと見て来てくれる？」の言葉かけも有効です。

着替え，排泄介助

おもらし・おねしょをしてしまった子ども

3・4歳児 ／ 4・5歳児

―― 子どもの行動 ――

午睡時おねしょをしてしまったり，トイレが間に合わずおもらしをしてしまった子には，どんな言葉かけをしてあげたらよいでしょうか？

 注意！

✕ NGな言葉かけ

「またしちゃったの？ダメじゃない！」

「だから早くトイレに行きなさいって言ったのに！」

子どもの気持ちを考えよう

　おもらしやおねしょが恥ずかしいことだと分かっている年齢なので，あえて周りのお友達にも分かるような，プライドを傷つける言葉かけはやめましょう。

これでばっちり！
魔法の言葉かけ

> 汚れちゃったね，どうしようか？

> 自分で片付けられるかな？

言葉かけポイント＆アドバイス

　この歳になると，おねしょやおもらしは恥ずかしいことだと分かっているので，大騒ぎをせずにその後の処理を教えてあげてください。失敗したことを責めるのではなく，その後にどうしたらよいかを教えてあげることが大切です。

降園時

降園時にお友達とふざけて なかなか帰らない子ども

― 子どもの行動 ―

保護者がお迎えに来ているのに，お友達と遊んでいるのが楽しくてなかなか帰らない子どもへは，どんな言葉かけをしてあげたらよいでしょうか？

 注意！
ＮＧな言葉かけ

園に泊まっていきますか？

遅くまでいるとこわい人が来るよ！

● ● ● ● ● 子どもの気持ちを考えよう ● ● ● ● ●

　お友達との楽しかった一日をもっと過ごしていたい気持ちになっているだけなので，脅すような言葉を一日の最後にかけるのはやめましょう。

これでばっちり！
魔法の言葉かけ

　お家へ帰ってどんなお手伝いをするの？

　明日もまた遊べるね，何をしたらいいかを考えてきてくれる？

言葉かけポイント＆アドバイス

　お友達との楽しい時間が途切れるのがいやなだけなので，具体的に何をしないといけないかイメージできるような言葉かけをして，次の行動に移れるようにサポートしてあげましょう。また，明日が楽しみになるような言葉かけをしてあげましょう。

降園時

延長保育でお迎えが遅れている子ども

3・4歳児　4・5歳児

― 子どもの行動 ―

保護者のお迎えがいつもより遅れて少し不安そうに待っている子どもへは，どんな言葉をかけてあげたらよいでしょうか？

 注意！
✕ **NGな言葉かけ**

ママ遅いね，まだ来ないのかな？

ママ来なくても待ってられるもんね！

寝る時間になっちゃうね

Part3　場面別　魔法の言葉かけ　4・5歳児編

● ● ● ● ● **子どもの気持ちを考えよう** ● ● ● ● ●

　いつものリズムから，お迎えが遅くなっていることでパパやママを心配しているかもしれません。来ないことだけを強調して，より不安になるような言葉かけはやめましょう。

これでばっちり！
魔法の言葉かけ

（ユーモアアプローチ）
ママにお電話してみようか！…あ，今あそこの交差点ですね！もうすぐですね！

お迎え来るまで何して過ごそうか

もしかしてママが来ないなんて思ってる?!
（来ないはずないよ，というニュアンスで）

言葉かけポイント＆アドバイス

　この年齢になると，お迎えに来ることは分かっているので，待っている時間を楽しめるように，想像力を使って一緒に予測を立てて過ごしましょう。

降園時

忘れ物を取りに戻ってきた子ども

子どもの行動

保護者と元気に降園した子どもが，忘れ物をして戻ってくることがあります。そんなときに何か子どもにかけてあげる言葉はありますか？

✕ 注意！ NGな言葉かけ

早くしないとママ行っちゃうよ

何かあったの？

早く帰らなくちゃ

Part3　場面別　魔法の言葉かけ　4・5歳児編

●●●●● 子どもの気持ちを考えよう ●●●●●

　パパやママに言われて忘れ物を取りに来たことで本人も慌てているので，本人のうっかりした失敗を指摘するような言葉かけはやめましょう。

これでばっちり！
✨ 魔法の言葉かけ

〔ユーモアアプローチ〕
おかえりーー！
先生に会いたくて
戻ってきてくれた
のかな？

よく思い出せたね！

何か忘れ物しちゃったかな？

言葉かけポイント＆アドバイス

　この年齢になると優しく声をかけてあげるだけで十分です。うっかり忘れ物をして戻ってきたことに気づいてあげられたらそれでよいので，特別な言葉はなくても大丈夫です。
　ユーモアアプローチで気持ちを楽にしてあげるのもよいですね。

【著者紹介】
山本　直美（やまもと　なおみ）
株式会社アイ・エス・シー代表，NPO法人子育て学協会会長。1967年生まれ。日本女子大学大学院家政学研究科修士課程修了。幼稚園教諭を経て，大手託児施設の立ち上げに参画。95年に株式会社アイ・エス・シーを設立し，自らの教育理念実践の場として保護者と子どものための教室「リトルパルズ」を開設。現在は東京，名古屋にて，認可・認証保育園「ウィズブック保育園」「リトルパルズ・アカデミー」を運営し，独自の教育プログラムや保護者向けの子育てに関する講座を提供している。
著書に『デキるパパは子どもを伸ばす―今すぐ取り組める13のステップ』（東京書籍），『子どものココロとアタマを育む　毎日7分、絵本レッスン』（日東書院），『「育ち」の原理に答えがあった！自走できる部下の育て方―CFCメソッド「ファミリー・ビルディング」』（学研）などがある。

〔本文イラスト〕木村美穂

幼児教育サポートBOOKS
登園から降園までをフルサポート！
3・4・5歳児の心に響く魔法の言葉かけ

2019年4月初版第1刷刊	©著　者	山　本　直　美
	発行者	藤　原　光　政
	発行所	明治図書出版株式会社

http://www.meijitosho.co.jp
（企画・校正）中野真実
〒114-0023　東京都北区滝川7-46-1
振替00160-5-151318　電話03(5907)6702
ご注文窓口　電話03(5907)6668

＊検印省略　　　組版所　藤原印刷株式会社

本書の無断コピーは，著作権・出版権にふれます。ご注意ください。

Printed in Japan　　　ISBN978-4-18-091016-8
もれなくクーポンがもらえる！読者アンケートはこちらから →